Eugenie Marlitt

Die schönsten Gedichte von Eugenie Marlitt

e-artnow 2019

Gotthold Ephraim Lessing
Gesammelte Gedichte

Ludwig Tieck
Gesammelte Gedichte (Über 360 Titel in einem Band)

Wilhelm Hauff
Hauffs schönste Gedichte

Johannes Schlaf
Gesammelte Gedichte in einem Band

Frank Wedekind
Wedekinds schönste Gedichte

Eugenie Marlitt

Die schönsten Gedichte von Eugenie Marlitt

Träumerische Gedichte der Autorin von Das Geheimnis der alten Mamsell, Amtmanns Magd und Die zweite Frau

e-artnow, 2019
Kontakt: info@e-artnow.org

ISBN 978-80-273-1856-8

Inhaltsverzeichnis

An I

Wenn trüb meine Lieder klingen,
Verwirf sie darum nicht!
Sie wurzeln im Schmerz und ringen
    Sich bebend ans Licht
Aus innerstem Heiligtume.
    Flüstert nicht auch
    Um jede Grabesblume
Leiser, wehmütig klingender Hauch?

Beim Wiederfinden alter Gedichte

Ich fand ein altes Buch. Die Ruhestatt
Darinnen meine Lieder lang gelegen!
Es quoll aus dem vergilbten, alten Blatt
Mir wahrer Maienblütenhauch entgegen.
Mein krankes Herz, vom steten Ringen matt
Durchbebte da ein längst vergess'nes Regen,
Es taucht' empor mein einstig Hoffen, Träumen,
Aus der Erinn'rung dunkelgrünen Räumen.

Es wallen Geister durch die Dämmerpracht
Von längst dahingeschied'nen Lebensplänen.
O junges Herz, in deiner Blütenpracht
Nahmst du für echtes Gold dies falsche Wähnen!
Es wandelt stets des Schicksals finst're Macht
Heimtückisch jeden Wunsch zu bitt'ren Tränen.
Die Jugendträume, lieblich und erhaben,
Ich hab' sie alle still und leis' begraben.

Das einzig Wahre

Echt ist nur des Himmels Blau,
Denn der Wechsel, streng und rauh
Nimmt des Blütenstraußes Pracht,
Grün, das hell vom Baume lacht.
Sommers Feuerglut verfliegt
Und der flinke Bach versiegt.
Auf den Wechsel, klein und groß
Schaut der Himmel, wandellos.

Menschentreu ist Morgenduft,
Den entführt die weichste Luft,
Und die Lieb' ist über Nacht
Oft als Haß wohl aufgewacht.
Heut gehst du als *Bruder* mit,
Morgen dich der Hochmut tritt;
Und es beut der Lebensbaum
Statt der Frucht – zerstob'nen Traum.
Doch, wenn alles rauh verglüht
Deines Hoffens Grün verblüht
Und dein Schiff im Sturme treibt
Blick hinauf! Der Himmel bleibt!

Der Abend

Ein kluger Knabe ist der Abend,
Er hälts mit Tag und Nacht zugleich:
Die Sonne küßt ihn auf die Locken,
Die Nacht umfaßt ihn lind und weich.

Der Tag erzählt ihm von den Menschen,
Und treulich sagt er's dann der Nacht –
Sein Freund, der Mond, lauscht dem Berichte:
So kommt es, daß er immer lacht!

Des Henkers Tochter

Im Tal wogt Morgennebeldampf,
Der Wald erdröhnt von Roßgestampf.

Aufkreischend fliegt der Vögel Schwarm
Vor Hörnerschall und Jagdalarm.

Laut keuchend über Wiesen setzt
Der stolze Hirsch, zu Tod gehetzt.

Und toller rast das Jagdgetos,
Als wär der Spuk der Hölle los.

Da – aus Gestrüpp und Dickicht tritt
Ein Mägdlein, scheu, mit zagem Schritt.

Ein Kind, so zart und wunderhold,
Mit süßem Blick, mit Lockengold,

Ein Friedensbild in heißer Schlacht
Ein Stern in stürm'scher Wetternacht. –

Rings prasselt's durch Gebüsch und Dorn
Und weithin schmettert gell das Horn.

Her braust der wilde Jägertroß,
Voraus der Graf auf mächt'gem Roß...

Er hält – es schweigt die tolle Jagd...
Doch scheu entflieht die schöne Magd.

»Wie, Rosenpracht im Waldrevier?
Blüht solche süße Blume hier?«

Er springt vom Roß und hält geschwind
Im Arm das tieferschrock'ne Kind.

Und wie er an es schaut entzückt,
Da naht ein Alter, tiefgebückt.

Und stammelt bebend auf den Knien:
»Herr, laßt mein Kind des Weges ziehn!«

»Der Henker...! wie, – des Henkers Brut
Hat an der Brust des Herrn geruht!«

So tobt der Troß...der Graf erblaßt,
Stößt fort die Magd in feiger Hast...

»Die schnöde Schmach sühnt nur ihr Blut!«
So ruft ein roher Knecht voll Wut.

Und schnellt den Pfeil in grauser Lust
Dem Mädchen in die weiße Brust...

Ein geller Schrei – fort jagt der Troß,
Voran der Graf auf mächt'gem Roß...

Und als das Roßgestampf verhallt,
Da wird es still im tiefen Wald. –

Nur schwaches Todesröcheln tönt
Und Vaterfluch zum Himmel stöhnt...

Zur Sonne steigt der Fluch empor...
Die strahlt und lächelt, wie zuvor.

Die Blumen blühen lustig fort
Am blutgedüngten, grausen Ort.

Frei zieht der Mörder; seinen Knecht

   Beschützt des Herren Macht und Recht...

»So stirb, mein Kind! Dein Tod entsühnt,
Daß du zu leben dich erkühnt!«

Die Natur

Natur ist unergründlich *tief* im Walten,
Erhaben über Erdenmacht und Zeit
Ist ewig *groß* in wechselnden Gestalten
Und unbeschreiblich *schön* im Frühlingskleid.

Ein Saitenspiel ist ihr geheimes Weben,
Gebreitet über Gottes weites All,
Denn wenn die Frühlingslüfte drüber beben,
Entströmt ein wundersamer Jubelschall.

Die Träume

Wenn uns der Schlaf berührt die Augenlider,
Dann eilt mit seinen Wundern allsogleich
Der Träume wild-phantastisch Nebelreich
Zur dämmernden Gedankenwelt hernieder.

Da sprossen auf des Mohnes bunte Blüten,
Aus jedem Kelche steigt ein wirrer Traum,
Der hüllet sich in leichten Wolkenschaum
Und senkt sich auf das Aug' der Schlummermüden.

Erinn'rung leitet stets der Träume Reigen,
Er zeigt uns längstverscholl'nes Glück und Leid,
Wie nach der Sage alter, grauer Zeit
Versunk'ne Schlösser aus dem Meere steigen,

Die Treue

Als Gott den weiten Wunderbau,
Den Himmel, wollt vollenden,
Da fiel ein Tröpflein klares Blau
Von seinen Meisterhänden.

Das rollte durch der Schöpfung Pracht
Herab zur kleinen Erde,
Die eben erst zum Sein erwacht
Durch jenes hehre *Werde*.

Da hat, als es so voller Lust
Den Ätherraum durchschwommen,
Das schönste Werk, die Menschenbrust,
Den Flüchtling aufgenommen.

Gott sprach: »Wohl keinen bess'ren Ort
Kannst du als Heimat finden,
So heiße Treu' und wohne dort,
Magst Herz an Herzen binden.«

Es rieselt der Schnee. Die Erde ist weiß,
Umgeben vom Panzer aus glänzendem Eis.

Zwei Wanderer eilen durch mächtiges Graus
Beschneiten Pfades zum sicheren Haus.

Der eine gebeugt, seine Locken ergraut,
Der andere fröhlich ins Leben noch schaut.

,Mein Sohn, hülle fester dich ein ins Gewand,
Die Windsbraut fährt heut' über Meere und Land!«

»Die Windsbraut soll fürchten dein starker Sohn?
Laut kündet dem Weibe er Spott nur und Hohn!«

Und jubelnd er schmettert in jauchzender Lust
Ein munteres Liedchen aus voller Brust.

So schreiten sie rüstig. Der Schnee fällt dicht,
Und Wolken verhüllen des Mondes Licht.

»Mein Auge wird schwach, und mein Blick ist umflort,
Mein Sohn, führt der Weg auch zum Heimatort?«

»So haben, mein Vater, wir zwei uns verirrt?
Mein Singen, es hat mir den Sinn wohl verwirrt!«

Der Weg ist verweht und die Bahn, die ist aus –
Von ferne zieht pfeifend des Sturmes Gebraus.

Auf türmt sich der Schnee wie zu mächtiger Wehr,
Und spitziges Eis fähret glitzernd umher.

So irren sie lange. – »Mein Vater, halt ein,
Ich kann nicht mehr, laß mich hier sterben allein!«

Er sinkt in die Knie. Es rasselt heran
Der tobende Sturmwind mit wildem Gespann.

»Mein Vater, hörst du nicht den fernen Gesang,
Das Glockengeläute, den Harfenklang?

Und vor dem verlockenden, süßen Getön
Schweigt selbst jetzt des rasenden Windes Gestöhn –

O geh, alter Mann, sieh, ich schlummre hier,
Geh heim nun, und grüße die Mutter von mir...«

Huiii! Donnert ein brausender Windstoß daher!
Die Wolken sich türmen wie schäumendes Meer!

Die Bäume zersplittern im nahen Wald,
Und heulender Wehruf die Lüfte durchhallt.

»O Vater, siehst dort du das himmlische Weib
Mit nachtschwarzen Flügeln am schlanken Leib,

Umflattert von mächtiger Schleier Gewind
Gleich fliegenden Mähnen, gepeitscht vom Wind?

O siehe, des funkelnden Augenpaars Pracht
Durchflammt wie die Sonne das Grausen der Nacht!«

Er jauchzt, daß es gellt! und dem bebenden Greis
Gerinnt in den Adern das Blut fast zu Eis.

»Sieh Vater, sie winkt mir mit schlohweißem Arm,
Ich fühl' ihren Atem so liebewarm...

Hiernieder zu mir!...sie ziehet vorbei!«
Er stürzet zu Boden mit gellendem Schrei!

Erstarrt vor Entsetzen der Alte steht,
Auf der Lippe erstirbt ihm das heiße Gebet.

Er hüllt in den Mantel sein sterbendes Kind,
Wankt heim dann allein durch den Schnee und den Wind.

Und wird dir auch Hilfe, sie ist kein Gewinn,
Das Herz ist zerbrochen, der Stolz ist dahin!

Dein Sohn schläft so tief, daß er nimmer erwacht...
An ihm ward die Rache der Windsbraut vollbracht.

Drachenhort

Es reift am Lebensbaum in immer neuer
Und wechselnder Gestalt wohl manche Frucht,
Doch drunter wacht ein mächtig Ungeheuer,
Das lauert tückisch, ob der Mensch versucht
Nach jenem Schatz die kühne Hand zu heben!
Es lächelt hämisch, wenn er kämpft und ringt...
O laß die Frucht! Du wirst sie nie erstreben,
Weil stets das Ungeheuer sie verschlingt.

Die gold'nen Früchte nennt man: Lebensglück,

Das Ungeheuer aber Mißgeschick!

Friedrichsruhe, den 19. Juni 1854.

Ein losgerissener Baum

Weithin vom rasenden Sturm getragen
   Aus trautem Waldgeheg
   Liegt er verscheidend am Weg.
   Durch den Wipfel, der einst so kühn
   Gen Himmel getragen sein Grün,
Rauschen jetzt einsam Todesklagen.

Schmerzlich zucken die Blätter, durchzittert
   Vom leisen Windeshauch,
   Aus niedrem Strauch
   Kriecht der Wurm
   Preisend den Sturm,
Der dies stolze Leben zersplittert.

Wenn dein Mut von den Stürmen und Wettern
   Des Schicksals besiegt
   Sterbend erliegt,
   Dann mehrt sich dein Leid
   Durch Lieblosigkeit
Und Hohn, die dich gänzlich zerschmettern!

Ein Morgen im Walde

Dunkle Waldesbäume,
Wie sind sie so hold,
Weht durch grüne Bäume
Morgensonnengold.

Efeuzweige ranken
Sich durch's weiche Gras,
Glockenblumen schwanken
Ohne Unterlaß.

Schlanke Stämme breiten
Ihre Wipfel aus,
Heil'ge Schauer gleiten
Durch dies Gotteshaus.

Waldeslust und -leben,
Drüber Himmelsblau!
All dies Blüh'n und Weben
Spiegelt sich im Tau.

Will dein Herz ergrimmen
Ob dem Tun der Welt
Hör des Waldes Stimmen,

Such sein grünes Zelt!

Dort wirst du erhalten
Lautres Wort des Lichts,
Und der Menschen Walten
Sinkt vor ihm ins Nichts!

Ein verfallenes Schloß

Den Trümmern stehn des Waldes grüne Wogen
Wie frische Myrten der verlass'nen Braut...
Mir ist bei jenen halbzerbroch'nen Bogen
Als ob ein Aug' mich sterbend angeschaut.

Ob auch die Sonn' mit einem Strom des Lebens
Das sinkende Gemäuer hell begrüßt,
Ach, all ihr treues Mühen ist vergebens –
Hat je das Leben wach den Tod geküßt?

Die Büsche schmiegen ihre zarten Spitzen
Wie grüne Schleier um den grauen Bau,
Leis rauscht Geröll aus graubemoosten Ritzen,
Dazwischen nickt der Glockenblume Blau.

Der Efeu zieht sein Netz um Kluft und Spalten,
Um jene Zeugen der Vergänglichkeit,
As wollt' er liebend das zusammenhalten,
Was übrig noch aus längstvergang'ner Zeit.

So steht dies Werk, verwittert und zerfallen,
Ein Bild versunk'ner Größe, überm Tal,
Verlassen stehn die hochgewölbten Hallen,
Die Jubel einst durchscholl beim Weinpokal.

Ich blick' mit Wehmut auf die düstern Mauern,
Die leise der Vernichtung Hauch verheert,
Und mein Gemüt durchzieht ein tiefes Trauern...
Ich denk an das, was mir einst lieb und wert.

Eisblumen am Fenster

Und wehrt mir der Himmel, den Frühling zu schauen,
Weil Winter umlagert die Wälder und Auen,
So soll mir am Fenster auf eisigem Feld
Erstehn eine fröhliche, blühende Welt!

Weil alle den lieblichen Frühling nur wollen,
Dem bissigen Winter dagegen sie grollen,
So hatte sich dieser beim Herrgott beklagt
Daß ihm jede blühende Zier sei versagt.
Da hat ihm der Herrgott auch Blüten gegeben,
Doch ohne ein jugendlich duftiges Leben.
Sie steigen empor nur in blinkendem Weiß –
So wollte es Gott – weil der Spender ein Greis!

Da siehe, es sproßt aus dem silbernen Moose
Auf schwankendem Stengel die liebliche Rose!
Eisröslein, es fehlt dir das purpurne Kleid,
Bist freilich das Kind einer traurigen Zeit;
Es fehlt auch des Duftes balsamisches Wehen...
Doch hat dich Goldkäfer zum Obdach ersehen,
Da schwebt er, die Schwingen voll sonnigem Schein,
Husch, Husch! in das schimmernde Bettchen hinein!
Und Lilien erblühen. Aus schwankenden Halmen
Des Grases erheben sich mächtige Palmen,
Maiglöckchen entsteigen dem Boden im Nu,
Die läuten Goldkäfer ein Schlummerlied zu.
Und alle die eben erschlossenen Kronen
Sie muß wohl ein lustiges Völkchen bewohnen –
Es fliegt aus der Tiefe des Kelches hervor
Der munteren Elfen leichtfüßiger Chor.

Nun geht's an ein schelmisches Nicken und Neigen,
Sie schweben im luftigen, zierlichen Reigen,
In goldenen Locken den blühenden Kranz,
Die leichten Gewänder geschürzet zum Tanz,
Wie schillernde Falter erglänzen die Schwingen,
Ich höre die Lieder, die fröhlich sie singen,
Die Stimmen vereinen sich zaubrisch und schön,
Wie silberne Glöckchen im leisen Getön.
Da neige ich vor mich, die Brust voll Entzücken,
Nichts soll mich dem himmlischen Traume entrücken...
Doch – wehe, was ist's, das mein Bild mir verdrängt?
Mein Hauch hat der Elfen Gewänder versengt,
Die Lilien verschwimmen zu Nebelgestalten,
Du stirbst, meine Rose, im schönsten Entfalten,
Die Elfen entfliehen in eiligem Lauf,
Und Goldkäfer – löst in ein Tröpfchen sich auf!

So sind nun die herrlichen Bilder entschwunden,
Die ich in dem blinkenden Eise gefunden.
Mein Traum und dein Werk, kalter Nord, sind nichts wert:
Ein einziger Hauch hat sie beide zerstört!

Erfahrung

Es rauscht der junge Bach mit kühnem Mut.
Die grünen Halme, die am Rand sich neigen,
Den Rosenstrauch mit blütenschweren Zweigen
Zieht er hinab in seine klare Flut.

Packt jauchzend Bäum' und Blumen überall,
Er will den ganzen Frühling in sich fassen
Und ahnet nicht daß tück'sche Felsenmassen
Mit kaltem Hohn bereiten seinen Fall.

Ein Sturz! Ein Wehschrei, daß es weithin gellt
Und die Natur in bangem Schreck erzittert...
Sein glänzend Silber tausendfach zersplittert,
Die Blüten unten am Gestein zerschellt!

Er ist aus seinem süßen Traum erwacht.
Millionen Stäubchen sinken taumelnd nieder,
Er faßt in seinen Arm sie trauernd wieder
Und flüchtet todeswund zur Waldesnacht.

Dort über Felsenblöcke, unbewehrt
Rauscht er nun achtlos hin zum Waldesdüster.
O, lausch nur seinem schmerzlichen Geflüster,
Er sagt dir, was »Erfahrung« ihn gelehrt!

Frauenherz

Man sagt: Des Frauenherzens tiefste Tiefen
Mit ihren Perlen, die darinnen schliefen,
Erwachen erst zum Licht in *trüben* Tagen,

Des Weibes Größe zeigt sich in Entsagen!

Muß nicht der Wind erst durch die Saiten dringen,
Wenn hell die Äolsharfe soll erklingen?

Frohsinn

Schmetterling, was flatterst du
Einsam um die Rosen,
Mußt du sonder Rast und Ruh
Stets mit ihnen kosen?

Laß mich freun, was Gottes Macht
Schönes uns verliehen,
Bricht herein die düstre Nacht
Wird es selber fliehen!

Frühlings Lust und Weh

Der greise Winter ist aufs Haupt geschlagen
Durch frischen Maienglanz,
Der Lenz wirft jubelnd über Feld und Hagen
Den bunten Siegerkranz.

Der rauhe Nord hielt streng und lang gefangen
Den klaren, stillen See.
Tief drunten träumt von Frühling voll Verlangen
Die blonde Wasserfee.

Er löst den Bann. Auf ihre Stirne hauchen
Die Lüfte sanften Kuß,
Die träumerischen Wasserblüten tauchen
Empor als Nixengruß.

Der Baum blickt stolz auf seine Blüten nieder –
Ein Kind im Festgewand!
Die Vöglein singen laute Jubellieder
Im Frühlingsland.

Nur in mir selbst will jenen Sang begleiten
Ein herber Trauerton,
Weil meiner Seele halbzerriss'nen Saiten
Die Harmonien entfloh'n.

Die Klänge lassen sich nicht mehr verbinden,
Die das Geschick zerreißt...
Drum kann ich den Akkord auch nicht mehr finden,

Der süßer Frieden' heißt.

Im April 1854.

Glaube

Die Sonnenstrahlen zittern
In jedem Tröpfchen Tau,
Als wär mit gold'nen Flittern
Besät die grüne Au.

So steigt der Glaube nieder
Ins kindliche Gemüt
Und strahlet doppelt wider,
Wenn er zur Tat erblüht.

Grauer Himmel

Die Sonne will nicht kommen,
Die Blumen so traurig sind.
»Sie hat Euch alle vergessen«,
Spricht höhnisch der kalte Wind.

Ein Schlüssel von blankem Golde
Ist heller Sonnenschein,
Der öffnet die Blumenherzen
Und stiehlt sich leise hinein.

Nun hat er sie treulos verlassen,
Die Blumen weinen allein.
Muß immer Lieben und Täuschen
So eng denn verbunden sein?

Hochmut

Hochmütig kann ein großer Geist nicht sein,
Reichtum und Mangel haben nichts gemein,
Dem Mißton wird sich Wohlklang nie vermählen,
Hochmut braucht Raum – den *leeren* Kopf *allein!*
Ein luftig Reich voll eitel Trug und Schein
Wird er sich stets zum Herrschgebiet erwählen!

Hoffnung

So ist, was kühn das Herz gewollt, zerschellt,
Der Hoffnung Grün umhüllt mit Trauerflören,
Es glimmen unter jener Trümmerwelt
Nur Wünsche noch, die nicht der Welt gehören,
Nicht jener Macht die grausam sich gefällt
In ewigem Vernichten und Zerstören.
Ruh aus, empörtes Herz, in dem Gedanken,
Daß Hoffnungszweige sich ins Jenseits ranken.

Klage

Und sollte nicht das Herz erbeben,
Gebeugt vom Schicksal, rauh und erzen,
Wird ihm ein jeder Schritt durch's Leben
Zum blutigen Markstein neuer Schmerzen?
Wenn Menschen seine *Welt* zerstören,
Durch Hohn sein innerst Selbst vernichten?
Sollt es sich zürnend nicht empören,
Bleibt ihm Enttäuschung und Verzichten?
Sein Schrei nach Frieden ist vergebens,
Getränkt mit Wermut ward sein Fühlen...
Du gold'ner Quell des ew'gen Lebens,

    Vermagst du einst, dies wegzuspülen?

den 8. Mai.

Kyffhäuser

Verwittert, zerbröckelt zerfallen
Ragt droben das alte Gestein,
Die moosigen Trümmer umzittert
Des Mondes gespenstiger Schein.

Und ruhlos umflattern Gestalten
Den Turm in der stillen Nacht,
Laut krächzende Raben, sie halten
Beim Throne des Kaisers die Wacht.

Tief drunten mit treuen Vasallen,
Da sitzet der Herrscher so bleich,
Und wehklagend zieht durch die Hallen
Der Schatten vom deutschen Reich.

»Erheb dich, du tapferer Ritter,
Ergreif dein gewaltiges Schwert,
Damit es im Schlachtengewitter
Wie einst alle Feinde verheert!

Noch ist ja dein Ruhm nicht verklungen,
Noch rollet ja feurig dein Blut
Hat selbst doch den Marmor bezwungen
Des Bartes gewaltige Flut!«

»Es konnte mein Bart wohl bezwingen
Im Laufe der Jahre den Stein,
Wie soll ich mein Schwert aber schwingen,
Ich deutscher Mann ganz allein?

O schließe die Augen auf immer,
Du Wand'rer in altdeutschen Gaun,
Die Trümmerwelt wirst du wohl nimmer
Als einiges Ganze erschaun!

Kein Strahl wird die Nacht dir erhellen,
Obgleich dies die Sage verheißt.
Dein Hoffen muß ewig zerschellen
An Deutschlands uneinigem Geist!«

Mahnung

O trauert um edle Menschen nicht,
Wenn früh ihr Flug sich zum Jenseits gewendet!
Ein mächtiger Wille, ein göttlich Gericht
Sie haben den Engel des Todes gesendet.
Der Hülle Vernichtung erst führet zum Licht
Mit ihrem Zerfall ist die Prüfung geendet
So wie ja der Meister die Form auch zerbricht

    Wenn er seine herrliche Schöpfung vollendet.

Friedrichsruhe, den 6. August 1854.

Maßliebchen im Schnee

Was will der Winter in der Blütenzeit?
Ward ihm zu eng sein Reich im kalten Norden?
Er sah den Frühlingsjubel weit und breit
Und sprengte grimmig seines Hauses Pforten.

Nun stürmt er wild daher, der rauhe Greis,
Bedeckt die junge Frühlingswelt mit Flocken.
O zartes Grün, du blickst aus starrem Eis
So trüb, wie Myrtenreis aus greisen Locken!

Maßliebchen zittert im beschneiten Gras,
Es fürchtet sich vor Winters Zorngebärde,
Sein neues, grünes Kleid ist tränennaß,
Das Köpfchen senkt sich schwer zur kalten Erde.

Verschwunden ist der kleinen Krone Gold,
Der Blätterkreis hat schützend sich erhoben,
Drin ruht des Blümchens Kleinod, süß und hold
Geborgen vor der rauhen Stürme Toben.

So flüchtet scheu das sinnige Gemüt
In sich zurück wie jene Frühlingsblume,
Wenn roher Scherz entweiht was still erblüht

   In seiner Tiefe, seinem Heiligtume.

Öhringen, am 27. April 1854.

Meerkönig

I.

Die schaumbedeckte Brust vom Meer umrollt

Streckt kühn der starre Fels sich in die Lüfte.
Er steht, ob auch im Sturm die Woge grollt
Und wütend öffnet ihre Schauergrüfte.

Doch wie die Stirne, wetterhart und rauh,
Verklärt ein mildversöhnender Gedanke,
Schmückt das Gestein ein Kirchlein, alt und grau,
Das moos'ge Dach versteckt im Laubgeranke.

Die junge Rose blüht an morscher Wand –
Ein heller Jugendblick aus greisen Brauen,
Das blanke Kreuzlein blitzt im Sonnenbrand,
Am Fenstersims die Schwalben friedlich bauen,

II.

Auf weiter See ein frischer Morgen liegt,

In stolzer Pracht dehnt sich die glanzumsprühte,
Bis sie sich schmeichelnd an den Himmel schmiegt,
Als sei ihr fremd, was ihre Tiefe brüte.

Da droben hebt das Glöcklein leise an
Und zitternd klingt sein Ruf hinaus ins Weite –
Ein Brautpaar klimmt den Felsenpfad hinan,
Umringt von schmuckem, stattlichem Geleite.

Frisch blühend sind die Dirnen, das Gesicht
Lacht hold aus Blütenzweig und weh'ndem Bande.
Doch schön wie die Gespielin sind sie nicht
Die Jungfrau dort im bräutlichen Gewande.

Die geht voran und steht im Sonnengold
Schlank wie die Pappel, rosig wie der Morgen,
Den feuchten Blick gesenkt, demütig-hold,
Wie Maienglöcklein, unterm Grün verborgen.

Nun naht sie tiefbewegt dem Gotteshaus,
Der Priester harrt, schon brennen hell die Kerzen –
Da bebt ein wilder Schrei weit, weit hinaus,
Ein tiefer Wehruf voller Qual und Schmerzen!

Die Braut erblaßt und starrt hinab ins Meer,
Dann flieht sie zu den andern, angstbeklommen –
Doch die stehn froh und heiter um sie her
Und plaudern fort, als ob sie nichts vernommen.

Und still ist's wieder. Nur des Glöckleins Klang
Erschallt. Eintönig schwankt am Fels die Welle.
Die Maid seufzt tief und schreitet still und bang
An des Geliebten Hand in die Kapelle.

III.

»Mir graut! O drängt mich nicht aufs Meer hinaus!

So fürcht ich nicht des Feuers jähe Gluten,
Nicht so des fessellosen Sturms Gebraus,
Wie diese trügerischen Wasserfluten!«

So fleht erblaßten Angesichts die Braut...
Zur Lustfahrt harren Kähne, froh zum Feste
Geschmückt mit bunten Wimpeln, schlank gebaut
Am Strande stehn die muntern Hochzeitsgäste.

Sie lachen. Ei, wie sich das Mägdlein ziert!
Des kühnen Schiffers Braut, sie spricht von Grausen?
Man wird ja sehn, ob sich die Angst verliert,
Hinaus mit ihr, wo frisch die Wellen brausen!'

»Nein, nein, es ist umsonst, ich kann nicht gehn!«
»Wir lösen dich, hängst du zu fest am Lande!«
»Laßt mich!... o Gott!... so hört, was mir geschehn:
Des Bräut'gams harrt ich einsam jüngst am Strande,

Da plötzlich rauscht und gärt es mit Gewalt
Im Meeresgrund. Empor zischt eine Welle,
Trägt auf dem Gipfel eines Manns Gestalt,
Umleuchtet, wie von blasser Mondeshelle.

Im dunklen Bart ein totenbleich Gesicht,
Bläuliche Perlen rieseln aus den Locken,
Die Stirn ist schilfumkränzt, Korallenlicht
Dazwischen, das Gewand wie Silberflocken.

Er lächelt. So zuckt fahler Wetterschein
Hin übers öde Feld. Die Augen stieren
Voll Glut verlangend nach mir hin, zu Stein
Will mir das tieferschrock'ne Herz gefrieren.

Und leise, wie ein Bach durch Waldesnacht,
So rieselt Flüstern von den bleichen Lippen,
Ich wank' zurück, da schwillt der Stimme Macht,
Als schäumt ein wilder Strom durch rauhe Klippen.

Entsetzlich! Rasend brauset er heran,
Mich an die grauenvolle Brust zu ziehen...
Da löst die Todesangst den starren Bann,
Der mich umschnürt, ich wende mich zum Fliehen...«

»...Und kamst davon! Das ist das End' vom Lied,
Ha, ha, mein Kind, dein Märchen ist gelungen!
Doch glaubt man's nicht! In unser Meergebiet
Sind solche Ungeheuer nie gedrungen!«

»Drum komm, du Träumerin«, der Vater spricht,
»Den bösen Geist vertreiben munt're Lieder!«
»Und hörtet ihr den heut'gen Mahnruf nicht?
Die Stimme war's, auch ihn, ihn sah ich wieder!

Mit Blitzesschnelle taucht er aus der Flut,
Dort, wo am Riff die Wasser wild zerschellen,
Er sah nach mir und schrie voll Schmerz und Wut
Und sank dann wie verzweifelt in die Wellen!«

»Nun ist's genug! Des wilden Vogels Schrei
Will mich die junge Magd wohl kennen lehren?
Nun fort ins Boot! Herr Bräutigam, herbei!
Tragt sie hinab, dann wird sie sich nicht wehren!«

Und wie der kecke Wind den Rosenstrauch,
Umschlingt der Jüngling seine schöne Beute:
»Der See sein Glück vertraun, ist Schiffers Brauch,
Sie rauscht dafür uns frisch das Brautgeläute!

Drum komm! Die See, mein herrlich Vaterland,
Soll dich, du meine schönste Perle, sehen!
Dein Schaumgespenst laß ruhn im Meeressand!« –
Die Boote stoßen ab, die Flaggen wehen!

IV.

Noch fliegt das Schifflein durch die Meeresflut,

Das stolz das Brautpaar trägt auf seinem Rücken,
Indes die andern längst schon wohlgemut
Gelandet sind und sich zum Tanze schmücken.

Der Schiffer spricht von künft'ger, schöner Zeit
Sein Lieb hört lächelnd zu, vergißt das Bangen;
So sehen beide nicht, daß nah und weit
Am Himmel schwarze Wolken drohend hangen.

Und dunkler ward's. Ein Windstoß pfeift heran,
Der Vögel Schwärme ängstlich landwärts ziehen,
Der Fischer fährt empor, – lenkt heim den Kahn –
Zu spät zu spät! Er kann nicht mehr entfliehen.

Denn wie die Geierschar in wilder Gier
Auf ihren Raub, so stürzt auf Riesenschwingen
Herbei die Wolkenmasse, hinter ihr
Des Sturmwinds Jagd mit Toben, Pfeifen, Singen!

Und höher noch erbraust's! Die See stimmt an
Gewaltige, uralte Schlachtenlieder.
In diesen Klängen, stürmend himmelan
Hallt eines mächtigen Gottes Zürnen wieder.

Der Donner rollt! Aus dunkler Wolkenschicht
Zischt Blitz auf Blitz, ins Meer ohnmächtig gleitend.
Das Schifflein saust... Doch Rettung wird ihm nicht
Dort sitzt der bleiche Tod, das Ruder leitend!

Bald hält's die Woge hoch an kalter Brust,
Dann fängt's der Abgrund, grell zum Tag gelichtet;
So spielt ein grimmig Tier in grauser Lust
Mit seiner Beute, eh' es sie vernichtet.

Der Jüngling hält im Arm die bleiche Braut,
Ihr aufgelöstes Haar im Sturme sauset,
Vergebens ringt ihr Mund nach einem Laut,
Sie starrt so wahnsinnswild, daß es ihm grauset.

Horch! Wilder Jubel tief im Meeresschoß!
Das sind der Wassergeister Sieggesänge,
Doch übertönen Sang und Sturmgetos
Gewaltig *einer* Stimme mächt'ge Klänge.

»Du schöne Braut, Meerkönig harret dein!
Geschmückt sind meines Schlosses kühle Hallen,
Sag' Lebewohl dem gold'nen Sonnenschein,
Mein bist du, süße Maid, bist mir verfallen!«

Das Boot schlägt um... Den Jüngling treibt's zu Land,
Er lebt... Doch gibt das Meer sein Lieb nicht wieder;
Nur Wellenschaum fliegt zischend an den Strand,
Wirft ihm den Ring zu seinen Füßen nieder.

Sehnsucht

Brausend zieht der Sturm vorüber.
Schwarz umhüllt der Himmel sich.
Stürme draußen, Kampf im Innern –
Mutter, Mutter, hörst du mich?

Fühlst du dort, wie all mein Fühlen
Rastlos zu dir aufwärts strebt,
Wie die Blume auf zum Lichte
Sehnsuchtsvoll den Kelch erhebt?

Ja, ich fühl' es immer tiefer:
Mit dem Mutterherzen bricht
Uns'res Lebens schönste Perle –
Mutterlieb' ersetzt sich nicht.

Trost war mir dein zärtlich Lächeln,
Sich'rer Port dein treuer Arm,
Und nun bin ich preisgegeben
Dem fühllosen Menschenschwarm.

Droben grollen Wetterwolken,
In mir grollet bitt'rer Schmerz,
Wie dort fahle Blitze zischen,
Zuckt mir schneidend Weh durch's Herz.

Und ich lebe wie der kranke
Baum, den Winterfrost zerstört.
Drunten hält ihn noch die Scholle,

Doch das Haupt dem Tod gehört.

Öhringen, den 25, Juni 1856.

Sei klug!

Was jammerst du und grämest dich
Weil bitt're Täuschung dir geblieben?
Die Menschen sind veränderlich!
Stehet im Urbeginn geschrieben:

Daß sie für Neues stets entbrannt
Zum Wechsel, ihrem Götzen, beten,
Und was sie »herrlich« heut genannt,
Schon morgen kalt im Staub zertreten.

Drum: Will ein einsam Menschenherz
Sich nicht zum großen Strome neigen,
So muß es wie ein Schild von Erz
Die *glatte* Fläche auswärts zeigen.

Muß werden wie der Fels am Strand,
Den machtlos Wellen übergießen,
Muß wie die Blum' im Sonnenbrand
Sein Edelstes in sich verschließen.

Die Klage um sein trüb' Geschick
Muß vor der großen Menge schweigen,
Wie sich nur dem *geweihten* Blick
Im Meer versunk'ne Schlösser zeigen!

Schneesturm

Droben schwarze Wolken jagen
Pfeilgeschwind,
Seine schaurig wilden Klagen
Stöhnt der Wind.
Durch verfall'ner Mauer Spalten
Wirbelt Schnee,
Wie von finst'rer Macht gehalten
Starrt der See.
Und kein goldnes Sterngewimmel
Leuchtet mild,
Wie verschlossen dräut der Himmel
Schwarz und wild...
Da zerreißt der Sturm die mächt'ge
Wolkenschicht
Und ein lichter Stern das nächt'ge
Graus durchbricht!
Strahl ins Herz mir, gold'ner Schimmer,
Lind und sacht. –
Seine Sterne leuchten immer –
Drin ist Nacht!

Sommernacht

Der lichte Tag ist heimgezogen
Ins graue Meer vergang'ner Zeit.
Wie vieler Glück, wie manches Leid
Versinkt mit ihm in jene Wegen.

Nun ist die Nacht herabgesunken,
Ums stolze Haupt den Strahlenkranz,
Den Schleier webt der Mondesglanz,
Aus ihrem Mantel sprühen Funken.

Wie geisterhaft das Mondlicht zittert
Und mit den nächt'gen Schatten ringt.
Ein gold'nes Märchen, leichtbeschwingt
Schlüpft's durch die Zweige, zartgegittert.

O Sommernacht unnennbar schöne!
Du scheuchst mit rätselhafter Macht
Aus dem Gemüt die trübe Nacht
Berührst dort niegeahnte Töne!

Man lernt das Herz nie selbst verstehen,
Wenn Tagsgeräusch es wild erregt –
Von nächt'gem Schweigen mild bewegt

  Läßt es uns seine Tiefe sehen.

Friedrichsruhe, am 8. Juli 1854.

Sonntagmorgen

Träumerische Sonntagsstille!...
Fernes, festliches Geläut,
Goldner Duft auf allen Wipfeln,
Tropfen Tau im Gras verstreut.

In verlass'ner Waldkapelle
Bebt ein Glöcklein trauernd leise,
Ob auch rings die Schöpfung jauchzet,
Einsam singt es seine Weise.

Und ich weiß, was sie bedeutet...
Durch mein ganzes Leben zieht
Solch ein Sang – es ist des Schmerzes
Nimmer endend Klagelied.

Ja, du strahlst und prangst im Lichte,
Wunderbare Gotteswelt!
Doch das Herz mit seinem Leide
Ist als Schatten beigesellt.

Vorsehung

Willst ergründen, armer Geist, des Himmels Walten,
Willst du lüften ohne Scheu des Schleiers Falten,
Der Geheimnis um das Höh're spinnt,
Das wir ahnen nur wie ferne Traumgestalten?
Sieh: Dein Aug' sinkt vor der Sonne Lichtgewalten,
Die doch nur des Höh'ren Abglanz sind!

Winter

Die Bäume glitzern rings im Eise,
Unheimlich lautlos rieselt Schnee.
Die weichen Flocken decken leise
Der Blumen letztes Todesweh.

Nur zwischen starren Zweigen hangen
Noch rote Beeren, frisch und licht,
Ein täuschend Leben! Rosenwangen
Auf einem Leichenangesicht.

Die gold'ne Sonne strahlt wie immer,
Doch wärmt sie nicht das öde Land.
An Menschenaugen mahnt ihr Schimmer,
Die falsch und treulos man erkannt.